A MEDICINA FLORAL DE BACH E OS TRANSTORNOS EMOCIONAIS/MENTAIS

Editora Appris Ltda.
1.ª Edição - Copyright© 2020 dos autores
Direitos de Edição Reservados à Editora Appris Ltda.

Nenhuma parte desta obra poderá ser utilizada indevidamente, sem estar de acordo com a Lei nº 9.610/98. Se incorreções forem encontradas, serão de exclusiva responsabilidade de seus organizadores. Foi realizado o Depósito Legal na Fundação Biblioteca Nacional, de acordo com as Leis nos 10.994, de 14/12/2004, e 12.192, de 14/01/2010.

Catalogação na Fonte
Elaborado por: Josefina A. S. Guedes
Bibliotecária CRB 9/870

O482m
2020
	Oliveira, Rita de Cássia Caixeta
	    A medicina floral de Bach e os transtornos emocionais/mentais /
	Rita de Cássia Caixeta Oliveira. - 1. ed. – Curitiba: Appris, 2020.
	    69 p. ; 21 cm – (Artêra)
	
	    Inclui bibliografias
	    ISBN 978-85-473-4200-5
	
	    1. Flores – Uso terapêutico. 2. Medicina alternativa.
	3. Bach, Edward, 1886-1936. 4. Doenças mentais. I Título. II. Série.
	
	    CDD - 615.321

Appris
editora

Editora e Livraria Appris Ltda.
Av. Manoel Ribas, 2265 – Mercês
Curitiba/PR – CEP: 80810-002
Tel. (41) 3156 - 4731
www.editoraappris.com.br

Printed in Brazil
Impresso no Brasil

Rita de Cássia Caixeta Oliveira

A MEDICINA FLORAL DE BACH E OS TRANSTORNOS EMOCIONAIS/MENTAIS

FICHA TÉCNICA

EDITORIAL	Augusto V. de A. Coelho
	Marli Caetano
	Sara C. de Andrade Coelho
COMITÊ EDITORIAL	Andréa Barbosa Gouveia (UFPR)
	Jacques de Lima Ferreira (UP)
	Marilda Aparecida Behrens (PUCPR)
	Ana El Achkar (UNIVERSO/RJ)
	Conrado Moreira Mendes (PUC-MG)
	Eliete Correia dos Santos (UEPB)
	Fabiano Santos (UERJ/IESP)
	Francinete Fernandes de Sousa (UEPB)
	Francisco Carlos Duarte (PUCPR)
	Francisco de Assis (Fiam-Faam, SP, Brasil)
	Juliana Reichert Assunção Tonelli (UEL)
	Maria Aparecida Barbosa (USP)
	Maria Helena Zamora (PUC-Rio)
	Maria Margarida de Andrade (Umack)
	Roque Ismael da Costa Güllich (UFFS)
	Toni Reis (UFPR)
	Valdomiro de Oliveira (UFPR)
	Valério Brusamolin (IFPR)
ASSESSORIA EDITORIAL	Monalisa Morais Gobetti
REVISÃO	Andrea Bassoto Gatto
PRODUÇÃO EDITORIAL	Lucas Andrade
DIAGRAMAÇÃO	Bruno Ferreira Nascimento
ILUSTRAÇÕES	Yaidiris Torres
CAPA	Carlos Eduardo Pereira
ILUSTRAÇÃO DA CAPA	Autor: Ivan Sérgio Caixeta Oliveira (físico, engenheiro civil, artista plástico), Assinatura de tela: Ivan Oliveira, Título da tela: "Mulheres do Mundo", Tamanho da tela: 80x120, Técnica: Óleo + pasta para modelar sobre tela,
COMUNICAÇÃO	Carlos Eduardo Pereira
	Débora Nazário
	Karla Pipolo Olegário
LIVRARIAS E EVENTOS	Estevão Misael
GERÊNCIA DE FINANÇAS	Selma Maria Fernandes do Valle

*Dedico este livro aos amores de minha vida:
marido e companheiro, Cleverson,
meus filhos, Daniel, Ivan, Livia.*

Agradeço ao mistério da vida – DEUS –, bem como a todos aqueles que fazem parte diretamente de minha história –meus amados pais, netos e demais familiares. E também àqueles que um dia contribuíram para meu crescimento espiritual e formal – educadores, professores, colegas e amigos.

SUMÁRIO

O PROJETO DE BACH 13

A PERPETUAÇÃO E CONTEMPORANEIDADE DE BACH 15

COMO BACH CHEGOU A SEU LEGADO 19

OUTRAS FUNDAMENTAÇÕES INTERESSANTES 21

QUANDO SE DEVE BUSCAR UMA TERAPIA FLORAL? 23

A ATUAÇÃO DOS REMÉDIOS FLORAIS 25

A ATUAÇÃO DA TERAPIA FLORAL PROPRIAMENTE DITA .. 27

O AUTOCONHECIMENTO COMO VEÍCULO DE CURA 29

AMPLIANDO A CONSCIÊNCIA – TRANSFORMAÇÃO 31

CONCEITOS FUNDAMENTAIS 33

CONCEITOS GERAIS SOBRE ALGUNS DESEQUILÍBRIOS
EMOCIONAIS/MENTAIS 35

ATUAÇÃO DOS FLORAIS NAS DOENÇAS E/OU
TRANSTORNOS EMOCIONAIS /MENTAIS 39

RESCUE REMEDY — UM CAPÍTULO À PARTE 65

BIBLIOGRAFIA 67

APRESENTAÇÃO

Este livro traz em sua essência a possibilidade de uma reflexão profunda sobre a medicina floral de Bach, buscando sua conexão com a medicina convencional, no âmbito dos desequilíbrios emocionais e mentais, com o propósito de oferecer à população mais saúde e qualidade de vida.

Segundo Dr. Bach, tudo que tende ao desequilíbrio gera doença. A doença tem de ser tratada considerando o nosso ser como um todo. Não basta tratar o corpo e deixar a alma e vice-versa.

Deus, em sua plenitude, deu ao homem a consciência, e deixou a natureza como fonte viva a ser manipulada por essa consciência. Portanto cabe ao ser humano extrair dessa natureza tudo que possa curar os males tanto físicos quanto espirituais.

Dr. Bach, dotado de conhecimento científico e espiritual elevado, viu nas flores a possibilidade de comungar com a ciência caminhos que possam ajudar na busca do equilíbrio e harmonia do nosso ser.

A falta de compreensão e busca do equilíbrio do corpo com a alma abre espaços para o aparecimento das doenças propriamente ditas. Sobre o princípio dos desequilíbrios e/ou doenças, dizia o Dr. Bach: "O homem passou a encarar o seu corpo como se fosse ele mesmo, pois lhe é difícil compreender que é apenas um instrumento, e mais, que o próprio ensinamento de sua origem, ao invés de convencê-lo de sua imortalidade e da não importância de um corpo em si só, o homem tornou-se orgulhoso daquilo que tem sido e do que realiza".

O poder preventivo e curativo que a natureza oferece por meio da medicina floral de Bach pode e deve ser empregado juntamente a qualquer tratamento convencional, pois ele acelera os resultados em todos os tipos de casos, sejam eles agudos (situações) ou crônicos (personalidade).

As flores de Bach são de fácil compreensão, podendo, desde sua proposta inicial, ser administrada por qualquer pessoa. Sabemos, contudo, que conhecer a si mesmo não é uma tarefa fácil, mas para tal existem profissionais que podem ajudar. Os terapeutas florais de Bach estão, hoje em dia, em grande número por todo o mundo.

Assim sendo, seria muito sugestivo para todos os profissionais da área de saúde conhecer a filosofia que embasa a medicina dos florais de Bach, a fim de aplicá-la concomitantemente a seus diagnósticos e tratamentos.

Ainda mais agora, com advento da portaria nº 702, de março de 2018, que incluiu no Sistema Único de Saúde (SUS) as práticas integrativas e complementares, dentre outras os Florais de Bach; por isso o estímulo para o estudo de sua medicina floral energética só aumenta a cada dia.

Conforme o trabalho terapêutico que desempenho em consultório, me senti impulsionada a um estudo básico e genérico do que seriam alguns transtornos mentais mais recorrentes na psicologia e na própria psiquiatria, com o objetivo de oferecer a esses profissionais os Florais de Bach, como um coadjuvante para ampliação e aprimoramento de sua clínica.

Daí, conhecendo melhor as bases conceituais mais gerais, com as quais se explicam os estados mentais de diagnósticos do tipo Depressão, TAG, TOC e outros, percebi o quanto a terapia floral tem um importante papel como coadjuvante nos tratamentos dos desequilíbrios emocionais/mentais da medicina convencional.

O PROJETO DE BACH

Deve-se prevenir as doenças atuando nos estados de ânimo anteriores ao seu aparecimento e explicar a todos que isso é possível

(Edward Bach)

Dr. Edward Bach, tem uma vasta biografia que o descreve como um grande médico inglês, nascido no ano de 1886, e que desde a tenra idade demonstrou um profundo amor e respeito pela Criação Divina, percebendo tão logo a importância do autorreconhecimento humano na busca do equilíbrio e da unidade de todas as coisas para a manutenção da saúde do corpo e da mente.

Sua trajetória de vida o mostra como um médico dotado de profunda sensibilidade e intuição, o que o torna um ser muito especial, e que futuramente viria a deixar para a humanidade grande legado: um completo sistema de medicina natural baseada na destilação e captação da energia das flores, com fim de promover a saúde emocional do indivíduo, dando a ele condições de superação de obstáculos que a vida cotidiana apresenta.

Como alopata, homeopata, patologista, bacteriologista e imunologista, Dr. Bach era respeitado em toda a Europa, mas acabou se afastando de suas atividades de até então, e partiu em busca de um novo sistema de cura. Deixou a cidade e foi para o campo.

Em sua experiência de vida é interessante lembrar que, em certa época, num período de guerra (1ª Guerra Mundial), estando ele responsável por 400 leitos de feridos, observou que o tratamento indicado para uma mesma enfermidade em dois pacientes diferentes, para um era eficiente, para outro não. Essa vivência impulsionou seu interesse em estudar a implicância dos estados emocionais na cura das enfermidades físicas. No final do ano de 1930, escreveu o livro *Cura-te a ti mesmo*, com a mensagem de que a doença física resulta de um conflito com os nossos desígnios espirituais; conhecendo a nós mesmos podemos evitar o caminho de possíveis e futuras enfermidades físicas. Em *Cura-te a ti mesmo* está toda a base filosófica de sua medicina natural.

Os primeiros florais de Bach constam de meados de 1928. Mimulus e Impatiens foram suas primeiras plantas preparadas e indicadas a seus clientes, considerando suas personalidades. Clematis veio na sequênciae, depois, um a um foram acrescentados, até a composição final de 38 florais, fechando, assim, sua proposta de um sistema de medicina em que o diagnóstico não está mais na doença em si, mas na personalidade do indivíduo, ou seja, a forma como ele comporta diante das situações impostas pela vida no decorrer de sua existência.

O maior desejo de Dr. Bach seria, então, que os indivíduos se conhecessem ao ponto de se automedicarem com seus florais. Assim, para cada tipo de personalidade ou situação existe um floral com capacidade de abrir a consciência no sentido da percepção de si mesmo e/ou da própria situação que a pessoa esteja vivendo. Essa percepção é o ponto fundamental para a manutenção do equilíbrio emocional. Para ele, uma pessoa equilibrada emocionalmente é o caminho para o sucesso de qualquer tratamento convencional que porventura possa vir a proceder. Muitas das doenças do corpo físico são originárias dos desequilíbrios emocionais. Manter o equilíbrio emocional pela auto avaliação e pelo autoconhecimento é uma forma para se reduzir preventivamente a criação de doenças e ampliar a possibilidade de uma melhor qualidade de vida.

A PERPETUAÇÃO E CONTEMPORANEIDADE DE BACH

A ideia de que problemas psicológicos possam causar problemas físicos já vem acontecendo de longas datas. Ainda no início do século XX, Franz Alexander, ao introduzir o conceito "psicossomático", desenvolveu a teoria de que determinados conflitos psíquicos, levariam a manifestações somáticas específicas, sugerindo que ao contrário da abordagem habitual de se procurar causas físicas das doenças mentais, deveria ser invertido, e se procurar causas mentais para as doenças físicas.

Cientificamente falando, a questão da somatização quando da presença de sintomas físicos, como uma queixa de uma dor sem explicação física e/ou comprovação via exames convencionais, continua sendo ainda motivo de muitos estudos dentro da medicina psicossomática e dentro da própria psiquiatria.

Para o Dr. Bach, esse entendimento procede, tanto é que toda sua medicina foi embasada nesse convencimento. Para ele, as doenças manifestadas no corpo físico têm sua origem nos desequilíbrios e nas desarmonias emocionais/mentais; aquilo que é vivido e não suportado pela mente, tende a comprometer a saúde física da pessoa, modificando seu comportamento em todas os níveis: social/ profissional/familiar.

Hoje, diante da vida global que vivemos, a medicina natural do Dr. Bach está em perfeita sintonia com essa realidade. Tratar a pessoa antes da doença é o melhor caminho.

A terapia floral de Bach é baseada no autoconhecimento. Enquanto prevenção, ela ajuda dando maior sustentação emocional ao indivíduo diante de problemas inesperados e indesejados. Ela tem o papel de cura enquanto proporciona uma ampliação da consciência do indivíduo; tudo que é visto, sentido e avaliado, ao se repetir, torna-se mais natural e comum, deixando de ser impactante. Fortalecer a alma é propiciar um novo patamar de comportamento para as pessoas diante das questões da vida.

A medicina do auto conhecimento criada por Dr. Bach foi por ele mesmo denominada de "a medicina do futuro". Hoje, conhecendo a pulverização de seu projeto pelo mundo, percebe-se que esse futuro chegou. Na atualidade, os florais estão presentes nos sistemas de saúde de inúmeros países mundo afora.

Sua fundamentação filosófica, baseada na pontuação dos defeitos da personalidade tais como orgulho, crueldade, ódio, egoísmo, ignorância, instabilidade e ambição, continuam sendo a grande base para os diagnósticos preventivos dos desequilíbrios emocionais.

O pioneirismo de Bach abriu-se para o mundo, facilitando a pesquisa e o aparecimento de outros sistemas de florais. Hoje, encontramos vários sistemas de florais, inclusive no Brasil.

A visão futurista do Dr. Bach quanto à "medicina do futuro", no quesito prevenção de doenças psicológicas e mentais, tem despertado no mundo um grande interesse em função da redução de custos na área da saúde.

Desde 1956, a Terapia Floral de Bach foi reconhecida como Terapia Complementar pela Organização Mundial de Saúde (OMS).

Numa compilação da legislação sobre terapia floral, um parecer da OMS assim a define: "Cada remédio floral trata uma determinada pessoa e uma condição particular. O uso de todos esses remédios (essências florais) estão amplamente distribuídos pelo mundo em uma pequena escala. Eles são excelentes para o auto cuidado, sendo totalmente sem efeitos colaterais e não oferecem perigo caso um remédio errado seja prescrito" (BANNERMAN et al., 1983, s/p).

Em vários países do mundo, o uso de florais tem sido buscado, praticado e entendido como um libertador de conflitos emocionais.

Mais recentemente no Brasil, em 12 de março de 2018, o Ministério da Saúde incluiu os florais e outras nove terapias alternativas no Sistema Único de Saúde (SUS), como tratamento terapêutico voltado para cura e prevenção de diversas doenças. Especialmente quanto à terapia floral, o Ministério da Saúde classifica o uso das essências florais como "aquela que modifica certos estados vibracionais no equilíbrio e harmonização do indivíduo".

A questão da modificação dos estados vibracionais que a flor opera nos indivíduos, quer dizer que o estado vibracional da flor não eliminam necessariamente as emoções negativas presentes no indivíduo, mas as transformam em emoções positivas, por meio da ampliação e/ou tomada de consciência e da conscientização manifesta, proporcionando, assim, equilíbrio e harmonização de atitudes favoráveis a um comportamento positivo no cotidiano dos indivíduos, oportunizando a prevenção de doenças.

Essa compreensão é uma das maiores premissas do legado de Bach e hoje, felizmente, ela tem sido cada vez mais absorvida pelos sistemas de saúde em todo mundo.

COMO BACH
CHEGOU A SEU LEGADO

Na trajetória do Dr. Bach, o exercício da medicina tradicional, que tem como foco a análise dos "sintomas" das doenças, logo passou a ser insatisfatório para ele. Mais do que a análise de "sintomas", seria a análise das "causas" das doenças. Essa mudança de foco levou-o a estudos sobre imunologia, tornando-se bacteriologista assistente no UCH, em 1915.

Adoecendo gravemente em 1917, Dr. Bach afastou-se de suas obrigações e mergulhou em seu novo projeto – análise e prevenção das "causas" das doenças. Esse projeto levou-o à seguinte conclusão: "Um interesse absorvente, um grande amor ou um propósito definido na vida são fatores fundamentais para a saúde e a felicidade do homem" (BACH, 1917, p. 11). O equilíbrio emocional é fundamental na cura das enfermidades. Passando a exercer esse propósito, ele viveu vários anos depois de ter sido desenganado pelos médicos.

As confirmações de seus novos conceitos vieram dos conhecimentos da Homeopatia. Samuel Hahnemann, pai da medicina homeopática, há 150 anos já havia falado do quanto é importante o reconhecimento que cada indivíduo deveria ter de sua própria personalidade.

Esse conhecimento, sem dúvida alguma, deveria ser priorizado nos diagnósticos médicos. Reconhecer, pelo perfil da pessoa, o modo como ela reage diante das situações, tanto desejadas quanto indesejadas, seria um caminho de prevenção, controle e, porque não, de cura das doenças propriamente ditas.

Por essa ótica é que Dr. Bach, usando da própria fragilidade de sua saúde, começou a observar como se comportava suas emoções diante dos fatos vividos, conferindo, assim, uma a uma, a eficácia das flores coletadas em seu próprio favor.

Durante vários anos passou coletando, usando e indicando florais às pessoas, com sucesso. Deixou, em 1936, data de sua morte, seu grande legado, distribuindo 38 florais em sete grupos representativos dos estados emocionais e sentimentais da personalidade humana.

Ainda completando sua obra, deixou o composto Rescue Remedy, feito de próprio punho, para situações emergenciais. Posteriormente, haverá um capítulo especial para falar do Rescue Remedy.

OUTRAS FUNDAMENTAÇÕES INTERESSANTES

Originalmente, a frase "mente sã, corpo são", do poeta romano Juvenal, teve a intenção de recomendar ao povo da Roma Antiga o que realmente seria importante pedirem aos deuses: saúde física e mental.

O uso da expressão "mente sã, corpo são", ao longo do tempo, passou a ter um novo enfoque. Não mais atribuir somente aos deuses esse desejo, mas, sobretudo, fazer entender a cada indivíduo, a necessidade premente no esforço de cada um para encontrar caminhos que os levem ao equilíbrio da saúde emocional e mental, para manutenção de uma melhor qualidade de vida.

Bach se ocupou literalmente em desenvolver essa ideia. Para ele, manter o equilíbrio emocional e mental o mais próximo possível de um ponto de equilíbrio seria o caminho ideal para sustentação da saúde física.

Ele sentiu na energia das flores a possibilidade de se chegar a esse ponto de equilíbrio tão almejado. Ampliar a consciência humana por meio do autoconhecimento seria compreender como sou, como estou comigo mesmo, com o outro e com o mundo.

Compreender o conceito que diz ser o cérebro a parte física do corpo, e a mente a parte imaterial e funcional deste órgão, é oportunizar o pensar, o conhecer, o entender, o medir, o ponderar etc. Para os gregos, a mente, "nous", seria sinônimo de razão, pensamento, intuição. Manter tudo isso em equilíbrio é o maior desafio que a vida nos impõe.

Ao contrário, podemos dizer que o desequilíbrio é um ponto de alteração da conexão entre o cérebro e a mente que compromete o campo energético da pessoa, alterando seu emocional e oportunizando o aparecimento de doenças físicas.

É exatamente nesse ponto que o sistema da medicina floral energética de Bach vai atuar. Os florais são compostos energéticos que atuam na manutenção da conexão do corpo com a mente de forma a diluir e liberar as vibrações negativas armazenadas na memória, ampliando, assim, a consciência para um novo patamar de entendimentos.

Quanto mais a consciência se amplia para a auto avaliação, a relação do Eu comigo, Eu com o outro, Eu com o mundo, torna-se mais próximo o tão desejado ponto de equilíbrio do corpo com a mente, ou seja, da possibilidade de manutenção da saúde em geral.

QUANDO SE DEVE BUSCAR UMA TERAPIA FLORAL?

Entre os escritos originais de Dr. Bach, encontramos citações que definem o que venha a ser saúde e doença. Quanto à saúde ele diz: "A saúde é nossa herança, nosso direito. É a completa e total união entre a alma, mente e corpo, e não é um ideal longínquo a ser alcançado, mas um objetivo tão fácil e natural que muitos de nós o negligenciamos" (VENÂNCIO, 1991, p. 99).

Quanto à doença ele diz: "É o resultado, no corpo físico, da resistência da personalidade à orientação da alma", e mais: "É quando tentamos impor nossa vontade aos outros ou permitimos que suas sugestões, pensamentos e comandos nos influenciem". E, ainda: "No momento em que o pensamento de outra pessoa penetra em nossas mentes nos desviamos de nosso verdadeiro caminho" (VENÂNCIO, 1991, p. 103-104).

Enfim, dizia Dr. Bach: "Portanto, a doença é o resultado da interferência; interferência na vida de alguém ou interferência em nossa vida, o que temos de fazer é preservar nossa personalidade, viver nossa própria vida, ser o comandante de nosso próprio barco e tudo estará bem" (VENÂNCIO, 1991, p. 105).

Podemos então concluir que, para manter a saúde precisamos filtrar as interferências e/ou situações que obstruem nossa alma, mente e corpo, tais como medos, raivas, indecisões, dúvidas, influências, desesperos etc.

Porém tais situações são inerentes à vida, não temos como evitá-las. É com elas que crescemos enquanto seres humanos. O que precisamos é fazer das influências externas um veículo de sinalização, observação e reflexão. Perceber que algo não vai bem e buscar afastar os obstáculos que paralisam, enrijecem e engessam o nosso ser.

Assim, o momento mais propício para buscar uma terapia é exatamente aquele em que a pessoa se sente incapaz de filtrar as interferências e/ou situações desagradáveis que estejam vivendo, desde as mais corriqueiras às mais complexas, deixando se levar por elas como num redemoinho de sofrimentos que causam seu desequilíbrio, favorecendo, assim, um terreno fértil para a instalação de doenças.

A ATUAÇÃO DOS REMÉDIOS FLORAIS

Existem algumas peculiaridades nos florais de Bach. Para ele a ação dos remédios aumenta as vibrações e abre caminhos para a percepção do nosso Eu Espiritual, o que facilita o aparecimento de nossas virtudes particulares.

Perceber e admitir a importância de tal prática, é o primeiro passo para a auto-observação, a prevenção e a superação e/ou cura dos males.

Erroneamente, temos sempre a impressão de achar que conhecendo o outro estaremos garantindo uma boa convivência, porém, maior garantia teremos de viver em paz com o outro conhecendo a nós mesmos. O autoconhecimento é o caminho para uma vida mais verdadeira, saudável e feliz.

Traçar nossos limites e viver em sintonia com eles é uma questão de respeito próprio. O autoconhecimento é o caminho do meio para identificar nossos limites. Não há como respeitar o limite do outro se não respeitarmos nossos próprios limites. A saúde, a qualidade de vida, começa em cada um de nós.

A ATUAÇÃO DA TERAPIA FLORAL PROPRIAMENTE DITA

Normalmente, toda terapia parte do pressuposto de uma vivência ou experiência, tanto boa quanto ruim. O que realmente importa é saber até que ponto ela está afetando emocionalmente a pessoa e por quanto tempo permanece.

Para melhor compreensão da terapia floral faço uso da metáfora da cebola. Partimos da compreensão e análise das camadas superiores às mais profundas, ou seja, das questões vividas pela pessoa no momento atual para as questões mais antigas. Tudo acontece de forma gradual, e as indicações dos florais vão se adequando sistematicamente ao desvelo das emoções e sentimentos, até o ponto de superação das queixas iniciais.

Chicory

O AUTOCONHECIMENTO COMO VEÍCULO DE CURA

"O que reconhecemos como doença é o estágio final de um distúrbio muito mais profundo" (BACH, 2006)

Para as doenças emocionais e/ou mentais, Dr. Bach sugere como prevenção a identificação dos erros e/ou defeitos da personalidade, tais como: ambição, orgulho, ódio etc.

As chamadas "doenças da introspecção - neurose, neurastenia e condições semelhantes -, que roubam a alegria da vida", estão diretamente ligadas aos defeitos e erros cultivados ao longo de nossas vidas (SCHEFFER, 1991, p. 69).

Assim sendo, reconhecer a personalidade do indivíduo torna-se o primeiro passo para a prevenção e/ou cura das doenças.

Os remédios florais de Bach trabalham exatamente nessa linha de superação de erros e/ ou defeitos que cultivamos, transformando os comportamentos negativos em positivos, através do autoconhecimento.

Assim, a terapia floral torna–se uma grande ferramenta de contribuição para os tratamentos convencionais das doenças e/ou transtornos emocionais/mentais, tanto na prevenção quanto nas situações em que as doenças ou transtornos já estejam instalados e sendo tratados pela psicologia e psiquiatria convencional.

Obs.: as indicações de compostos florais não suprimem qualquer tratamento convencional. A todos os meus clientes deixo bem claro esta premissa. Quando pergunto se estão fazendo algum tratamento para transtornos psicológicos e mentais diagnosticado pela medicina convencional, explico a eles o papel de coadjuvante dos florais em tais tratamentos.

AMPLIANDO A CONSCIÊNCIA
– TRANSFORMAÇÃO –

Quando falo aos meus clientes sobre o potencial de cura dos florais de Bach, quero dizer que essa cura advém da ampliação de nossa consciência no sentido de uma percepção maior, de uma mudança de foco e, consequentemente, de uma mudança de comportamento. Essa ampliação de consciência favorece o autoconhecimento. O fato de tomar ciência de si mesmo permite conhecer os erros e/ou os defeitos que temos em nossa personalidade.

Como disse anteriormente, a cura propriamente dita está na transformação das atitudes e/ou comportamentos negativos em positivos diante dos problemas que aparecem na vida.

Para entender melhor a ampliação da consciência, faço uso da figura da visão da fresta.

Ver através de uma fresta limita nossa visão/consciência de um todo maior. Seria aquela visão conceituada pela sociologia de "visão convergente". Aquela que reduz as possibilidades, a criatividade, o bom senso, enfim, aquela que vela, limita e trava nosso potencial de comportamento em geral. As limitações de nossa consciência podem nos levar aos erros que, por sua vez, levam aos desequilíbrios emocionais, podendo desencadear em doenças ou transtornos físicos. Quando não temos consciência de nossos limites, geralmente ficamos vulneráveis às pessoas, às coisas, aos acontecimentos sem geral.

Dentre os sofrimentos mais comuns gerados pelos desequilíbrios mentais e emocionais temos os sentimentos de medo, insegurança, mágoa, excessos em geral e outros mais. Tais sofrimentos, quando não devidamente reconhecidos e tratados, acabam por se manifestar em nosso corpo como doenças e/ou transtornos.

Considerando a cura como um mecanismo que inverte a doença em saúde, Dr. Bach viu nos florais essa possibilidade. Assim ele disse: "Eles curam, não pelo ataque à doença, mas por inundar nossos corpos com belas vibrações de nossa Natureza Superior, na presença da qual a doença derrete como neve sob a luz do sol" (SCHEFFER, 1991, p. 53).

A conexão do corpo físico com nossa "Natureza Maior" amplia nossa visão (visão divergente), oportunizando a ampliação da consciência. Tomar consciência seja lá do que for é galgar o novo, e uma vez que isso acontece, não há retorno; o que não retorna é dado como cura/transformação.

Tratar o indivíduo e não a doença é a base fundamental da medicina do Dr. Bach. Para ele cada indivíduo tem uma personalidade própria, uma tarefa definida para realizar e uma maneira individual de executar essa tarefa.

Assim, a terapia floral desenvolve seu papel, proporcionando ao indivíduo a capacidade de se auto conhecer, determinar seus limites pessoais e favorecer o desenvolvimento do equilíbrio mental e físico, na busca de uma melhor e mais feliz condução e sobrevivência às situações imprevisíveis que a vida diariamente nos impõe.

CONCEITOS FUNDAMENTAIS

Separei alguns conceitos (de forma sintética e geral) que são fundamentais para o embasamento deste livro, quais sejam:

- Personalidade – traço marcante da individualidade de uma pessoa no que se refere ao seu pensar, sentir, agir.

- Situação – contexto de vida do indivíduo.

- Sentimento –sensação diante de uma emoção, porém é mais profundo, duradouro, menos aparente, podendo mesmo ser até escondido. Ex.: dor, prazer, experiências pessoais, memórias, crenças, valores, opiniões etc.

- Emoção – reação física, instintiva e aparente aos estímulos externos. Ex.: choro, birra, explosões nervosas, sorriso etc.

- Mente –segundo o dualismo de Descartes, seria de natureza imaterial, porém provida de capacidade de pensamento e de outros processos cognitivos (capacidade de adquirir conhecimento), como percepção, vontade, atenção, associação etc.

- Cérebro – órgão ao qual compete controlar e coordenar todos os movimentos do corpo e processar a informação sensorial.

- Transtorno – sinônimo de anormalidade, sofrimento, comprometimento de ordem física e mental, que pode ser diagnosticado pela identificação de sintomas como: ansiedade, medo, insegurança etc.

- Trauma energético – tudo que nos esvazia de energia e nos machuca, causando sofrimento e dor.

- Intuição – está ligada a nossa essência divina. Aparece como um recado de nós para nós mesmos.

CONCEITOS GERAIS SOBRE ALGUNS DESEQUILÍBRIOS EMOCIONAIS/MENTAIS

Observação: quanto aos conceitos de algumas doenças ou transtornos mentais/emocionais diagnosticados pela medicina tradicional citados a seguir, a maioria foi extraída de trabalhos, vídeos, entrevistas etc. Quero ainda deixar claro que esses foram cunhados de forma genérica, para fins de estudo, pesquisa e aprimoramento do diagnóstico clínico da terapia floral de Bach que exerço.

Também fica registrado aqui o grande interesse que tenho em buscar uma conexão dessas doenças ou transtornos com a terapia energética dos florais, no intuito de potencializar os tratamentos de forma concomitante aos diagnósticos efetuados pela medicina convencional e vice-versa.

Assim sendo, foram selecionados conceitos de oito tipos de doenças ou transtornos emocionais/mentais, de forma genérica, buscando priorizar os mais comuns na sociedade atual.

- **Transtorno de Ansiedade Generalizada(TAG)** – um estado de alerta frequente, provocando sofrimentos antecipados diante de uma situação real ou imaginária, que perduram por mais de seis meses, acompanhado de reações físicas e desconfortáveis.

- **Transtorno de Estresse Pós-Traumático (TEPT)** – um esgotamento físico e emocional resultando de uma vivência traumática que leva a sentimentos de incapacidade, pressão, tensão e insistência.

- **Disfunção Cognitiva (TDAH)** – uma disfunção ocorrida no sistema nervoso, levando à dificuldade de aprendizagem.

- **Depressão** – uma doença ou um distúrbio afetivo que atinge diversas áreas químicas do cérebro, levando a sentimentos de inferioridade, tristeza, pessimismo, falta de sociabilidade e interesse pela vida, tirando a pessoa de seu cotidiano.

- **Transtorno Obsessivo Compulsivo (TOC)** –pensamentos impulsivos com imagens indesejadas e involuntárias que se caracterizam por atos repetitivos que buscam aliviar a ansiedade.

- **Transtorno Bipolar** – alterações extremas de humor, episódios de depressão e manias com comportamentos agressivos e violentos.

- **Transtornos Alimentares** – padrões de comportamentos alimentares desviantes da norma.

- **Anorexia nervosa** – obsessão pelo controle de comida.

- **Bulimia nervosa** – obsessão pela eliminação de calorias.

- **Compulsão Alimentar Periódica** – transtorno psiquiátrico que gera algumas patologias orgânicas, tais como: obesidade, hipertensão, diabetes etc.

- **Transtornos de Personalidade** – Tidos como "tipos de transtornos mentais que se caracterizam por padrões de interações interpessoais com traços inflexíveis, desviantes da norma".

Sendo eles:

1. Personalidade Esquizoide – "tipos introspectivos que não expressão emoções".

2. Personalidade Esquisotípica – "tipos desconfiados, supersticiosos, fanáticos".

3. Personalidade Paranoide – "tipos rancorosos, ideia de perseguição, desconfiados, hostis".

4. Personalidade Antissocial – "tipos egocêntricos, desrespeito às normas, egoístas, sem empatia, passam-se por vítimas".

5. Personalidade Histriônica – "tipos emotivos, hipersensíveis manipuladores".

6. Personalidade Borderline – "tipos que apresentam raiva, carência afetiva, vazio crônico, tendência suicida, controlador, auto mutilador, come e gasta em excesso".

7. Personalidade Narcisista – "tipos com características de arrogância, orgulho, egoísmo, sem empatia, vaidoso".

8. Personalidade Dependente – "tipos carentes, submissos, tristeza crônica".

9. Personalidade Esquiva – "tipos com excesso de timidez, vergonha, baixa autoestima".

10. Personalidade Obsessivo Compulsivo ou Anancástica – "tipos com características de teimosia, inflexibilidade, auto exigência, compulsão para o trabalho; não se dá a diversões".

ATUAÇÃO DOS FLORAIS NAS DOENÇAS E/OU TRANSTORNOS EMOCIONAIS/MENTAIS

Observação: a amplitude energética dos florais permite a aplicação deles, em um ou mais sintomas diagnosticados pela medicina convencional.

1- MIMULUS (Mimulus guttatus) –

É um floral que serve a determinadas situações de medos identificáveis do tipo: medo de barata, avião, morte, acidentes, escuro, pobreza etc., e serve também ao reconhecimento de um tipo de personalidade caracterizada pela presença de timidez e retraimento diante dos outros, ao ponto de se sentirem envergonhados, ruborizados, nervosos.

A constatação de tais condições presentes no indivíduo, independente da idade, mediante a consulta, pode levar à indicação do floral Mimulus, tanto para os casos de Transtorno de Ansiedade Generalizada (TAG) quanto para os casos de Transtornos de personalidade do tipo Esquiva.

Para os casos de Transtorno de Ansiedade (TAG), provocado por uma situação de ameaça identificável, que leva a pessoa a sofrer por antecipação, viver em alerta constante, temores do dia a dia etc., o Mimulus é uma ótima indicação. Assim como é em casos de transtornos de personalidade do tipo Personalidade Esquiva, em que a pessoa apresenta excessos de timidez, vergonha, gaguez, riso nervoso e outros. Seu benefício está em dar à pessoa, de forma sutil, a calma, a coragem e o controle das emoções diante das situações que se apresentam.

2 - ROCH ROSE (Helianthemum nummularium) –

É um floral emergencial para as situações de um estado de terror e pânico que traz sensação de impotência, terror e medo paralisante. Normalmente, Roch Rose serve aos estados emocionais breves, porém agudos, ocorridos num momento de crise específica do tipo: um assalto, uma batida, a notícia de uma morte de alguma pessoa querida ou uma doença súbita etc., gerando sentimentos de incapacidade.

Caso a experiência traumática permaneça, Roch Rose pode ser indicado como coadjuvante nos tratamentos convencionais dos Transtornos por Estresse Pós-Traumático (TEPT), proporcionando mais calma, firmeza, serenidade e, especialmente, presença de espírito.

3 - CHERRY PLUM (Prunus cerasifera) –

É um floral para pessoas com tendência a explosões emocionais. Sua função é diversificada, servindo tanto para os tratamentos de transtornos emocionais e mentais quanto para a terapia do autoconhecimento da personalidade.

Nos casos de Transtorno Obsessivo Compulsivo (TOC), por exemplo, em que a mente apresenta situações de pensamentos impulsivos, indesejados, agressivos e violentos, Cherry Plum aparece como um bom coadjuvante para os tratamentos convencionais, acalmando a mente e favorecendo o desenvolvimento de pensamentos e ações mais racionais.

Nos casos de Transtorno Bipolar, em que se verifica na pessoa alterações de humor com episódios de ira, depressão, que leva a comportamentos espantosos e prejudiciais, Cherry Plum pode compor qualquer tratamento convencional, mesmo nos casos de maior gravidade.

Nos casos de Transtornos de Personalidade do tipo Borderline, em que a pessoa apresenta comportamentos com tendência à raiva, carência afetiva, falta de clareza da própria identidade, vazio crônico, controladora, instabilidade interpessoais e afetivas etc., Cherry Plum é uma ótima indicação para compor tratamentos convencionais.

Observação: Cherry Plum é o único floral do sistema Bach que atende a situações de tendência suicida.

4 - ASPEN (Populus tremula) –

É o floral da paz interior. Ele pode ser usado para situações de medo com características de inquietações indefinidas, angústias desconhecidas, maus pressentimentos etc. Para tais situações, Aspen faz-se como um grande coadjuvante nos tratamentos de Transtornos de Ansiedade, com sintomas de estado de alerta, sofrimentos antecipados diante de situações imaginárias, mediante episódios de terrores noturnos mantidos mesmo após acordar de pesadelos e sonhos ruins.

Observação: o Aspen é um floral que deve ser indicado para crianças com episódios de pesadelos e terrores noturnos do tipo projeção de uma imagem aterrorizante a partir da sombra de um objeto etc. Pode, também, ser indicado às mãezinhas de recém-nascidos.

5 – RED CHESTNUT (Aesculus carnea) –

É um floral que atende a situações de medo, angústia resultante de uma preocupação profunda com outro. É um estado de apreensão e sufocamento, podendo ser indicado nos Transtornos de Ansiedade, com características de um estado de alerta e apreensão e sofrimento antecipado, que pode ser tanto real quanto imaginário. É um estado típico de comportamento daqueles que amam, por exemplo: a inquietação e os medos que os pais têm em relação à vida de seus filhos (especialmente na fase da adolescência) e/ou entes queridos, sempre receando que algum mal possa lhes acontecer.

Quando esse tipo de inquietação e medo extrapola para uma situação de pensamentos impulsivos, imagens indesejadas e involuntárias, caracterizadas nos diagnósticos de Transtorno Obsessivos Compulsivos (TOC), o floral Red Chestnut, em seu potencial positivo, tende a reduzir o quadro de alteração psíquica proporcionando mais equilíbrio e otimismo.

6 – CERATO (Ceratostigma willmottiana) –

É um floral de uso diversificado, para os que sofrem de insegurança generalizada. A priori, ele atende a indivíduos que desconfiam de seu próprio julgamento quanto à tomada de decisões, buscando nos outros a confirmação de suas opiniões e decisões, podendo, muitas vezes, levar a pessoa a entender e a tomar caminhos errados. O floral Cerato ajuda a pessoa a confiar mais em sua sabedoria interior e a seguir sua verdadeira opinião.

Ainda sobre o uso e qualidades deste floral, podemos recorrer a ele num caso de Disfunção Cognitiva (TDAH), em que situações do sistema nervoso em desequilíbrio comprometem a capacidade de aprendizagem. Por exemplo, a falta de confiança em si mesmo pode ocultar uma situação de dúvida, indecisão, desconfiança e incerteza. Tais situações podem, de alguma forma, prejudicar a capacidade de aprendizagem do indivíduo; é bom lembrar a importância deste floral para crianças e adolescentes em fase escolar.

7 - SCLERANTHUS (Scleranthus annuus) –

É o floral da objetividade. Serve àquelas pessoas de mente oscilante, que se sentem muito confusas e incapazes de escolher entre duas opções, mesmo nas questões mais simples. É uma situação de eterna encruzilhada. Um estado de dúvida entre isso ou aquilo, que acaba por gerar acentuados desequilíbrios, pois essa dúvida pode gerar um estado de ansiedade que, dependendo do grau, causa muito sofrimento.

Scleranthus também ajuda nos casos diagnosticados como Disfunção Cognitiva (TDAH), uma vez que o estado de oscilação mental dificulta a fixação, incapacitando e comprometendo a capacidade de aprendizagem. É recomendável a crianças e adolescentes em fase escolar.

O floral Scleranthus potencializa a certeza da decisão, proporcionando equilíbrio, objetividade e capacidade de resolução.

8 – GENTIAN (Gentiana amarella) –

É um floral que serve às situações que levam a sentimentos de decepções pontuais e identificáveis, causando certo desânimo e até mesmo a perda temporária da fé, com curtos episódios de desistências. Tal situação pode ser observada nos casos de momentos de expectativas em geral, como: resultados negativos de provas, concursos, exames etc.

Tais situações, sendo prolongadas e recorrentes, podem evoluir para sentimentos de incapacidade diante de situações de decepção e frustração, podendo ser útil em diagnósticos de Transtornos por Estresse Pós-Traumático (TEPT).

O floral Gentian pode ser de grande valia, uma vez que seu potencial positivo leva ao entendimento da necessidade da perseverança como caminho para a conquista, ou seja, desistir jamais.

9 - GORCE (Ulex europaeus) –

É um floral para um quadro de desistência total, advinda de uma situação que gerou desânimo profundo. A pessoa está entregue à dor e ao sofrimento, sentindo-se sem chance alguma de recuperação. É uma situação de "abandonada por Deus". Dr. Bach escreveu sobre as pessoas que carregam esse sentimento dizendo: "Parecem necessitar de um raio de sol na sua vida que afaste as nuvens".

Gorce é uma boa indicação, podendo também compor tratamentos convencionais diagnosticados como Transtornos Pós-Traumáticos (TEPT), em que a pessoa se sinta totalmente incapaz diante das situações em que esteja vivendo.

Gorce tem um potencial antidepressivo e ansiolítico, proporcionando um canal de retorno positivo do sentimento de fé e esperança.

10 – HORNBEAM (Carpinus betulus) –

É um floral que serve às situações de desânimo, preguiça e até mesmo procrastinação com as tarefas rotineiras. É um estado de fadiga mais mental do que física. Muitos que sofrem deste desequilíbrio manifestam assim: "Só de pensar eu me canso", muito embora a pessoa não deixa de terminar suas tarefas, mas com uma grande pressão e desgaste mental. Muito indicado para os pais em geral, especialmente nas primeiras fases da vida, com criação e escolaridade dos filhos, em que exista sentimentos de tensão, insistência e pressão, que caracterizam o estresse etc.

Tal situação pode também ocorrer com as crianças em fase de escolaridade, podendo comprometer, inclusive, a capacidade de cognição, de forma a retardar o processo. Assim, a indicação de Hornbeam pode ser satisfatória nos casos de diagnóstico de Disfunção Cognitiva (TDAH). A enfadonha rotina pode ser minimizada com este floral. Em seu potencial positivo, Hornbeam devolve o ânimo e a energia para enfrentar a rotina do dia a dia.

11 - WILD OAT (Bromus ramosus) –

É um floral dado às situações em que a pessoa não sabe decidir sobre qual rumo tomar na vida, porém, vive a buscar caminhos e nunca se sente resolvida. É como se perdesse a conexão com a vontade e o projeto divino para si. Falta-lhe foco, visão clara sobre o que realmente quer. Esse estado de insegurança traz insatisfação, frustração e ansiedade, que se manifestam no físico. Muitas pessoas se queixam de desconforto físico do tipo: dor de cabeça falta de ar, falta de apetite etc. É uma total ausência de rumo, em que a pessoa vive a se perguntar: o que quero para mim, afinal?

Esse estado de insegurança máxima causa grande sofrimento, principalmente por não se tratar de falta de capacidade, ambição, talento, mas, sim, por faltar foco, convicção, decisão, conexão com sua verdadeira essência.

O floral Wild Oat pode contribuir nos tratamentos convencionais de Transtorno de Ansiedade (TAG), bem como nos tratamentos de Transtorno por Estresse Pós-Traumático (TEPT), pelo alto nível de sentimento de incapacidade e desgosto pessoal, bem como levar a uma Depressão. A atuação deste floral ajuda na convicção, decisão e conexão com a intuição.

A falta de foco, de interesse, pode comprometer a aprendizagem tanto nas crianças, em fase de aprendizado, como nos jovens, em fase de escolha da profissão, carreira, vocação etc. Wild Oat é uma ótima opção especialmente pelo seu potencial de clareza e/ou visão clara e decisão.

12 – CLEMATIS (Clematis vitalba) –

É um floral indicado a situações em que a pessoa se mostra sonolenta, negligente, sem grandes interesses pela vida presente. Vive a idealizar o futuro, mas nada faz para realizar seus ideais. Muitas vezes são pessoas ditas como "viajantes na maionese", ou, ainda, que "vivem no mundo da lua". Idealizam muito e realizam pouco. Por viverem num certo estado de ausência do momento, sua memória é fraca e de pouca fixação. Este quadro de falta de concentração muitas vezes leva a acidentes.

É uma situação que pode afetar tanto adultos quanto crianças. O floral Clematis serve para diagnósticos do tipo Transtorno Cognitivo (TDAH), podendo ser associado ao tratamento convencional, e os resultados são muito promissores pelo seu potencial de aterramento e realização.

13 – HONEYSUCKLE (Lonicera caprifolium) –

É um floral indicado para situações em que a pessoa fica ausente do presente por estar presa ao passado, num estado de saudade e/ou nostalgia tanto pelas lembranças boas quanto ruins. Esse estado apresenta uma grande tendência em achar que antes tudo era melhor. É um floral muito indicado às pessoas mais velhas, às que vivem sozinhas ou em abrigos, às que passaram por decepções, luto etc.

Sua indicação para o distúrbio afetivo da Depressão é muito eficaz. Esse tipo de distúrbio ocasiona sentimentos de tristeza, pessimismo, desinteresse pela vida, falta de sociabilidade, enfim, são sentimentos que tiram a pessoa de seu cotidiano.

É um floral que serve a essas questões independentemente de idade. Pode também se usado por crianças e jovens em fase escolar, com diagnósticos de disfunção cognitiva (TDAH), pela presença de perdas, mudanças etc.

O potencial deste floral está em tornar as lembranças de tudo que a pessoa viveu em relíquias valiosas de experiências, capazes de servir de lições para o momento atual, aceitando o passado como um processo natural.

14 - WILD ROSE (Rosa canina) –

É um floral indicado a pessoas que se encontram em estado de apatia, entrega, resignação por terem vivido alguma situação desagradável. São situações que não chegam a levar a pessoa à infelicidade, mas que tiram dela a energia, a satisfação e a iniciativa para mudar as coisas. É a própria indiferença do tipo: "tanto faz quanto tanto fez".

O estado de apatia, indiferença, pode levar à Depressão, mas também pode ser um indicador de tipo de personalidade.

Dentro dos transtornos de personalidade, este floral pode compor tratamento para o tipo de Personalidade Esquizoide, aquela em que as características mais comuns são apatia, desinteresse, frieza emocional etc. O potencial regenerador de Wild Rose está em devolver à pessoa mais energia, interesse pela vida, iniciativa e objetivos firmes.

15 - OLIVE (Olea europea) –

É um energético em potencial do sistema Bach. Serve em especial àquelas pessoas em situação de total perda de energia vital – física, emocional, mental. É uma exaustão que leva ao choro. É um floral dado a períodos de esforços extremos, que minam as forças. Ajudam na convalescência em geral, doentes com doenças prolongadas e também para seus acompanhantes/

cuidadores, e dificuldades pessoais em geral, como períodos de intensos trabalhos ou até mesmo de estudos, como: final de cursos, monografias etc.

Considerando diagnósticos médicos do tipo: Transtorno por Situações Traumáticas; Estresse Agudo – esgotamento físico e emocional (TEPT) e, ainda, Depressão e Transtorno de Ansiedade, Olive faz-se um grande coadjuvante para os tratamentos convencionais.

Seu potencial de cura está em recuperar a força, a vitalidade e o gosto da pessoa pela vida.

16 - WHITE CHESTNUT (Aesculus hippocastanum) –

É um calmante para mentes que se caracterizam por pensamentos repetitivos, obsessivos e preocupantes. É um floral que se apresenta como um antidepressivo e ansiolítico do sistema Bach. Os debates mentais característicos desse estado mental tiram a concentração, o sono, atenção.

Assim, é um floral que trabalha positivamente diagnósticos médicos do tipo Transtorno de Ansiedade com presença de estado de alerta, bem como Transtorno Obsessivo Compulsivo (TOC) com presença de pensamentos indesejados e involuntários, e, ainda, para diagnósticos do tipo Disfunção Cognitiva (TDAH) com forte presença de desatenção, dispersão etc.

White Chestnut é de grande valia a esses diagnósticos, podendo ser indicado a crianças, jovens, adultos e idosos em situações diversas. É o floral para o descanso mental.

17 - CHESTNUT BUD (Aesculus hippocastanum) –

É um floral indicado para situações de recorrência. A raiz do problema está no fato de a pessoa não tirar proveito de suas experiências; ser completamente desatenta às questões cotidianas, mantendo, assim, o mesmo padrão de repetição de suas atitudes.

Esse padrão de repetição retarda a evolução do conhecimento, da sabedoria, bem como do progresso de vida.

Num diagnóstico da medicina convencional, Chestnut Bud é um ótimo coadjuvante quando se trata da Disfunção Cognitiva (TDAH), em que a pessoa não tem capacidade de auto avaliação, repetindo sempre os mesmos erros. Chestnut Bud oportuniza a assimilação, a análise e a autocrítica, possibilitando o avançar na vida.

18 - MUSTARD (Sinapis arvensis) –

Trata-se de um floral de grandes préstimos às situações de estados repentinos de tristeza profunda, sem causa conhecida, em que a pessoa acometida sente-se incapaz de libertar-se de tal sentimento.

É como uma nuvem negra que cobre a pessoa, podendo ser passageira. Porém, se houver persistência dessa situação que leva o indivíduo ao afastamento de suas atividades rotineiras, sendo diagnosticado pela medicina convencional como Depressão, o floral Mustard faz-se um grande coadjuvante para tal diagnóstico, pelo seu potencial antidepressivo, pode também ser indicado nos casos de Disfunção Cognitiva (TDAH), servindo acrianças e jovens em fase escolar.

O floral Mustard afasta a tristeza, permitindo a retomada da paz e alegria.

19 - WATER VIOLET (Hottonia palustris) –

Trata-se de um floral indicado a personalidades com um estilo de vida específico: pessoas autoconfiantes, com tendências antissociais, de aparência sábia e calma. E, ainda, tipos mais extremos que aparentam ser orgulhosos, desdenhosos, frios.

Dentro dos diagnósticos tradicionais da medicina convencional, Water Violet pode ser um grande coadjuvante nos tratamentos voltados aos Transtornos de Personalidade considerados como "padrões de interações interpessoais desviantes da norma".

Nesses casos, quero lembrar a importância da indicação do Water Violet para as Personalidades Esquizoides, que indicam indivíduos reservados, introspectivos, aparentemente orgulhosos, bem como Personalidade Narcisista, que indicam pessoas com aparência arrogante, orgulhosa, vaidosa, egoísta e sem empatia.

Water Violet suaviza a introspecção marcante, favorecendo uma comunicação com os outros, mais calorosa, aberta e extrovertida.

20 - IMPATIENS (Impatiens glandulifera) –

É um floral muito importante no sistema Bach. Para os dias atuais, encaixa-se perfeitamente no nosso cotidiano, em que "tudo é para ontem". Ele é indicado para pessoas em situação de impaciência, irritabilidade, agitação, precipitação, pressa, autoeficiência etc., com possíveis explosões de impulsividade, podendo desencadear acidentes.

As características de uma Personalidade Impatiens podem levar a diagnósticos médicos do tipo Transtornos de Ansiedade, em que onde se verifica sofrimento por antecipação e pressa, bem como o diagnóstico do Transtorno de Personalidade Obsessiva Compulsiva ou Anancástica, aquela que apresenta comportamento que envolve preocupação com a ordem, controle e perfeccionismo.

Em uma situação mais apurada de impulsividade, em que seja diagnosticado o Transtorno Obsessivo Compulsivo (TOC), pode também ser indicado.

Impatiens pode ser de grande ajuda nos tratamentos convencionais, pois seu potencial positivo ameniza a irritação e a impaciência, favorecendo a calma e a diplomacia.

21 – HEATHER (Calluna vulgaris) –

É um floral indicado para pessoas com Transtornos de Personalidade caracterizados por interações interpessoais desviante da norma. Uma pessoa Heather não gosta de estar só, mas é muitas vezes evitada pelos outros por gostar de falar bem mais que ouvir, não demonstra empatia, são dramáticas, exigentes, egocêntricas e egoístas.

Heather é um floral de grande potencial para qualquer diagnóstico médico que identifique esse estado de comportamento. Crianças, idosos, adultos em geral podem fazer uso dele.

Reconheço a importância de Heather nos tratamentos convencionais voltados para os diagnósticos de Personalidade Antissocial, com características de egocentrismo, bem como a Personalidade Narcisista, com postura egoísta, além da Personalidade Dependente, com padrão de comportamento submisso e apegado, em que a pessoa demonstra forte necessidade de ser cuidada e protegida, e mais a Personalidade Narcisista, com características de falta de empatia. Tudo isso pode levar ao Transtorno de Ansiedade, pelo medo da possibilidade de ficar só.

Em seu potencial positivo, Heather ajuda a pessoa a desenvolver empatia, compreensão e generosidade para com os outros.

22 - AGRIMONY (Agrimonia eupatoria) –

É um floral especialíssimo do sistema Bach, que permite a transparência e a auto aceitação daquilo que a pessoa é; manter-se coerente à sua própria identidade, aceitando a si mesma e a vida como ela é.

A ideia de sucesso, conquistas pessoais, estrelismo, beleza, ambição, competição e outros, que movem o mundo contemporâneo, quando povoam a mente ao ponto de distanciar as pessoas de suas verdadeiras essências, muitas vezes levam a desenvolvimento de comportamentos aparentes de agrados, condescendências e renúncias, mascarando e/ou escondendo as aflições por trás de bom humor e brincadeiras, buscando serem consideradas pelo outro ou pelo grupo como aquele modelo de "pessoa legal".

Os problemas escondidos atrás de uma aparência alegre guardam sofrimentos e tormentos interiores de grandes proporções. Normalmente, são pessoas que não gostam de estar sós e fogem dos problemas, não querendo encarar as durezas da vida, sendo fortes candidatas ao uso do floral Agrimony.

Dentro dos diagnósticos de transtornos emocionais, Agrimony pode compor tratamentos convencionais do tipo Transtorno de Ansiedade, em que se configura o medo de ficar só, inquietação, tormento mental e fuga das agruras da vida.

Uma personalidade com as características de Agrimony pode perfeitamente desenvolver válvulas de escape que a levam a outros transtornos, como os Transtornos Alimentares, recorrendo a bebidas e excessos alimentares, bem como o Transtorno de Personalidade do tipo Borderline,"quando a pessoa apresenta raiva, carência afetiva, vazio crônico e mesmo tendência suicida", e, ainda, o Transtorno Bipolar com um quadro de alteração psíquica de humor, atividade, raciocínio, sono etc. O Transtorno Obsessivo Compulsivo (TOC) com presença de pensamentos impulsivos, e a Personalidade Dependente, com presença da necessidade de ser aceito.

O potencial positivo principal do floral Agrimony é a transparência de caráter, a aceitação de si mesmo e da vida como ela é.

23 - CENTAURY (Centaurium umbellatum) –

É um floral para pessoas com personalidade submissa, com características de timidez, passividade, pouca vontade própria, baixa energia e ansiosas por agradar e que, por tudo isso, deixam-se levar facilmente pelos outros.

Centaury pode compor diagnósticos médicos do tipo Disfunção Cognitiva (TDAH), como é o caso, por exemplo, de uma criança em sala de aula que não questiona, não apresenta dúvidas, não apresenta opiniões, enfim, não participa da aula.

Centaury também pode compor tratamentos convencionais que se encaixam em diagnósticos do tipo Personalidade Dependente, que se caracteriza por carência, submissão e tristeza crônica, bem como a Personalidade Borderline, com presença de falta de clareza com relação à própria identidade.

Centaury é o floral da autonomia, posicionamento, determinação, energia etc.

24 - WALNUT (Juglans regia) –

É o floral da proteção. Serve para situações que envolvem mudanças em geral, em que a pessoa se encontra vulnerável e hipersensível a novas realidades; por exemplo: mudança de cidade, emprego, escola, chegada dos bebês etc.

A indicação de Walnut pode ser para todos os tipos de transtornos emocionais. Ele funciona como uma armadura de proteção, possibilitando a superação, o sucesso nos tratamentos e/ou empreendimentos.

Obs.: o floral Walnut, pelo seu poder de proteção, é também uma ótima opção de indicação para os profissionais que trabalham com o público em geral, como médicos, professores, enfermeiros, advogados, cuidadores etc.

25 – HOLLY (Ilex aquifolium) –

É um floral para situações em que a pessoa sofre de raiva generalizada; apresentando mal humor, desconfiança, crueldade, violência. Toda essa situação muitas vezes ocorre sem causa aparente. É como se a pessoa tivesse dificuldade de abrir-se para o amor. São observados comportamentos vingativos, ciumentos, invejosos e odiosos, independentemente de fase ou idade de vida da pessoa.

Nos casos de diagnósticos médicos que identificam transtornos de personalidade, Holly se apresenta como um bom coadjuvante no Transtorno de Ansiedade, com presença de sofrimento antecipado, real ou imaginário. Também no Transtorno Obsessivo Compulsivo (TOC), com presença de pensamentos compulsivos e/ou imagens indesejadas e, ainda, no Transtorno Bipolar, com presença de alteração de humor, depressões e manias.

Seu uso também é indicado nos casos de Transtorno de Personalidade do tipo Paranoide, em que há presença de comportamento rancoroso, ideia de perseguição, desconfiança, hostilidade etc., e em casos de Personalidade Borderline, com presença de irritabilidade nas relações interpessoais, na auto imagem e nos afetos, demonstrando, ainda, carência afetiva, vazio crônico, tendência suicida. O potencial positivo de Holly é o despertar para a compaixão, amorosidade e afetividade.

26 – LARCH (Larix decidua) –

É um floral para os que temem o risco, medo do fracasso, assim sendo não se arriscam por mais competentes que sejam. É a famosa baixa auto estima, em que a pessoa antepõe-se a dizer sempre que "não consegue". Essa postura impede a pessoa de assumir riscos, afastando-a de quaisquer possibilidades que possam ter de superação e/ou conquistas.

Tem um grande potencial de colaboração nos tratamentos médicos com diagnósticos de Transtorno de Ansiedade, com presença de sofrimento por antecipação, bem como no Transtorno por Estresse Pós-Traumático (TEPT), com presença de incapacidade por experiência de vivência traumática.

Larch também pode tratar diagnósticos de personalidade do tipo Personalidade Esquiva, em que existe a presença de excesso de timidez, vergonha, baixa auto estima e medo de arriscar.

O potencial deste floral está em proporcionar autoconfiança e determinação. É bastante indicado para momentos de provas, exames, concursos, competições etc.

27 – PINE (Pinus sylvestris) –

É um floral para os que sofrem de autocensura, com forte presença de culpa. São pessoas que, conforme a situação, culpam-se até pelos erros dos outros, pedindo sempre mil desculpas. Isso pode levar à perda da possibilidade de ser feliz, pois observa-se a falta de respeito da pessoa para consigo mesma. E quando a pessoa não se respeita fica também difícil respeitar o outro.

A presença de culpa pode desencadear Transtornos de Ansiedade com presença de situações de tensões reais e imaginárias, bem como identificar tipos de personalidade como a Personalidade Borderline, com características de não possuir clara identidade de si mesma, causando instabilidade nas relações interpessoais, na auto imagem e nos afetos.

Ao falar sobre o tipo Pine, Dr. Bach dizia: "Qualquer sinal de condenação contra nós mesmos, ou os outros, é um sinal de condenação contra a Criação Universal do Amor" (BACH, 1998, p. 39).

Pine favorece ao autoperdão e a autoaceitação. É interessante seu uso nos períodos de tratamentos para obesidade e dietas.

28 – ELM (Ulmus procera) –

É um floral dado àquelas pessoas extremamente responsáveis e que se envergam por acúmulo de obrigações que lhe são impostas, chegando, vez ou outra, a se sentirem incapazes, apresentando sentimentos momentâneos de desespero, desdita, inadequação. É uma sensação de opressão, causada por uma total falta de limite, deixando a pessoa deprimida e exausta, com perda temporária de autoestima.

Elm pode compor tratamentos médicos em que o diagnóstico possa ser o de Transtorno de Ansiedade, com forte presença de alerta, de sofrimento antecipado com sensação de tensão que esmaga, bem como identificar Personalidade Obsessivo Compulsivo ou Anancástica, com forte presença de teimosia, inflexibilidade e auto exigência.

O fator positivo de Elm está em trazer certo relaxamento e autorrespeito, dando à pessoa a possibilidade de perceber a necessidade de traçar seus limites ao assumir responsabilidades.

O floral Elm é também uma ótima indicação para estudantes, pais, profissionais da saúde e gestores em geral.

29 - SWEET CHESTNUT (Castanea sativa) –

É um floral para os casos em que a pessoa se sente no "fundo do poço", literalmente. Ela não vê saída para sua situação, sente-se deprimida, desanimada, desesperada e com a sensação de ter sido abandonada por Deus.

Sweet Chestnut é um poderoso remédio nesse tipo de sentimento de desespero e desânimo. Apesar da manutenção das circunstâncias de vida da pessoa, ele pode trazer alívio dos sintomas, criando um círculo mais otimista e de maior paz de espírito.

Assim sendo, ele pode ser um grande aliado nos tratamentos médicos convencionais dos Transtornos de Ansiedade com presença de sofrimento intenso diante das situações indesejadas, bem como dos Transtornos por Estresse Pós-Traumático (TEPT) com sentimento generalizado de incapacidade. Também a própria Depressão, em que se observam os sintomas de tristeza intensa, sensação de vazio e solidão, e nos diagnósticos de Disfunção Cognitiva (TDAH) com presença de incapacidade de avaliação e análise da situação.

30 - STAR OF BETHLEHEM (Ornithogalum umbellatum) –

É um floral para os estados emocionais de torpor e retraimento diante de uma situação chocante. Dr. Bach o denominou "o consolador", por ser ele capaz de aliviar, acalmar e neutralizar a pessoa em situação de choque e traumas por perda e/ou dor, independente de idade e tempo. Enfim, trata sequelas e choques mentais advindos de acidentes, lutos, sustos ou desditas momentâneas etc.

Podemos indicar Star of Bethlehem para compor tratamentos médicos quando os diagnósticos tratarem de Transtorno de Ansiedade com características de um estado de alerta máximo, bem como o Transtorno por Estresse Pós-Traumático (TEPT) com presença de vivência de situação traumática, além de Depressão, quando a permanência do choque afasta a pessoa de suas atividades.

Star of Bethlehem faz-se importante como neutralizador, consolador de dor e de tristezas advindas dos efeitos dos choques recentes e mesmo os mais antigos, podendo ser indicado a todas as idades.

31 – WILLOW (Salix vitellina) –

É um floral que trata questões de mágoas, ressentimentos e amarguras e que, quando frequentes, levam à vitimização, como sentir pena de si mesmo, do tipo "por que eu?", "eu não mereço", "estão abusando da minha boa vontade" e "por que tudo acontece somente comigo?". Tais sentimentos levam a pessoa a ser irritadiça, resmungona e amuada, julgando a vida mais pelas adversidades que vivenciam do que pelas conquistas, podendo gerar uma grande ansiedade.

Diagnósticos médicos do tipo Transtorno de Personalidade podem ser tratados com o auxílio de Willow, especialmente quando se trata de Personalidade Antissocial, aquela com características de egocentrismo, egoísmo, pessoas que desrespeitam as normas, sem empatia e que se passam por vítimas.

Willow também pode compor tratamentos médicos indicados ao diagnóstico de Personalidade Paranoide, com resquícios de rancor, ideia de perseguição, desconfiança e hostilidade, além de ser indicado no caso da Personalidade Borderline, em que a instabilidade nas relações interpessoais demonstre que a pessoa não tem clara identidade de si mesma.

Enfim, Willow é um grande neutralizador do ressentimento e mágoas, facilitando o perdão e o esquecimento das injustiças.

32 - OAK (Quercus robur) –

É um floral para aqueles que têm forte sentido de dever, sendo trabalhadores incansáveis, que nunca se dão ao descanso e que ultrapassam seus próprios limites. E, pelo excesso de trabalho, pode haver perda de energia vital.

A combinação da obstinação por manter o trabalho mesmo sentindo um excessivo cansaço, tipifica o diagnóstico tradicional de um estado de Ansiedade Generalizada, traduzida por um tipo de esgotamento físico e emocional que gera comportamentos de alerta extremo.

Oak também pode ser um grande coadjuvante nos diagnósticos da medicina tradicional quando se identifica o tipo de Personalidade Obsessivo Compulsivo ou Anancástica, em que a pessoa apresenta um comportamento de expressiva preocupação com a ordem, perfeccionismo e controle.

O autorrespeito é a característica maior do benefício deste floral.

33 - CRAB APPLE (Malus pumila) –

É um floral de grande valor dentro do sistema Bach. Dá-se a ele o apelido de "purificador". Ele trabalha as ansiedades e abatimentos causados por situações em que a pessoa apresenta baixa auto estima por não se aceitar como é. Suas avaliações sobre as situações são equivocadas. Muitas vezes, a pessoa se perde em contextos pequenos, criando estereótipos preconceituosos de si mesma, não reconhecendo sua beleza interior, vivendo em grande e constante sofrimento.

Crab Apple pode ser de grande valia nos diagnósticos da medicina convencional em que o quadro se refira aos Distúrbios Afetivos em geral, com presença de desequilíbrios de humor, sentimentos e emoções. A Personalidade Esquiva, com presença de inibição social, sentimento de inadequação e hipersensibilidade também pode se beneficiar com este floral.

Crab Apple serve aos casos de autorrejeição, sentimento de impureza etc., abrindo para a pessoa a autoaceitação e maior satisfação com ela mesma.

34 – CHICORY (Cichorium intybus) –

É um floral para os que amam e/ou cuidam dos outros de forma possessiva e exigente. É o famoso amor exigente. A maior característica desse tipo de comportamento revela pessoas egocêntricas, manipuladoras, falantes, teimosas, conflituosas e, acima de tudo, super protetoras, mas que não gostam de ficar só. São pessoas com forte sentido de servir por dever, porém muitas vezes esse servir espera retorno de atenção e reconhecimento. As relações interpessoais são geralmente muito conflituosas quando encontram resistências. Muitas vezes, passam-se por vítimas, buscando atenção.

É bom lembrar que este é um comportamento observado também em crianças, que muitas vezes são birrentas e usam dessa artimanha para chamar para si a atenção dos pais. Quanto aos adultos, esse tipo de personalidade é muito comum àquelas pessoas arrimo de família, tanto no que diz respeito ao aspecto financeiro quanto administrativo.

Dentro dos tipos de personalidades reconhecidos pela medicina convencional, o floral Chicory serve ao Transtorno de Personalidade Histriônica, definido por um comportamento que busca atenção em excesso, com forte emotividade, hipersensibilidade e manipulação; serve também a Personalidade Dependente, em que o padrão de proteção está no apeguismo, e à Personalidade Obsessivo Compulsivo ou Anancástica, com forte presença de preocupação com a ordem, perfeccionismo e controle. O nível de Transtorno de Ansiedade (TAG) também pode ser verificado em função da exacerbada vontade da pessoa em "querer ajudar", mesmo quando não é chamada.

Enfim, o floral Chicory abre para o crédito para um amor ao outro de forma compreensiva, sem exigência, em que se aprende a viver deixando que o outro também viva.

35 – VERVAIN (Verbena officinalis) –

É um floral para um tipo de personalidade com vontade forte e princípios fixos. São tão firmes em suas idéias e convicções que buscam convencer os outros, demonstrando, muitas vezes, uma veemência de convencimento que beira ao fanatismo. Assim, são entusiastas, sensíveis às injustiças e sofrem muito por antecipação.

Por terem uma mente muito ativa, podem, muitas vezes, sofrer de insônia, sentirem-se irritados, frustrados e aborrecidos exatamente por conta da rigidez de seus princípios e de sua vontade de fazer o outro convencer-se de suas verdades, acreditando estar fazendo o melhor para eles.

Vervain é um ótimo coadjuvante para diagnósticos médicos de Transtorno de Ansiedade.

A característica da personalidade Vervain pode também sintonizar para os Transtornos de Personalidade do tipo Esquisotípica, de comportamento excêntrico e peculiar, bem como a Personalidade Antissocial, de perfil egocêntrico e sem empatia.

O floral Vervain equilibra todo esse excesso de vontade da pessoa em querer ensinar, corrigir, impor, direcionar para aquilo que ela acha ser o melhor para o outro, ampliando, assim, para uma consciência maior, que se traduz em sensatez, compreensão e descontração.

36 – VINE (Vitis vinifera) –

É um floral para personalidades com tendências à dominação – qualidade negativa implícita da alma. São pessoas de grande competência, talento e ambição, porém, tudo isso é usado para impor sua vontade ao outro, pelo simples fato de mantê-lo sob controle. A capacidade de imposição e de mando de uma personalidade Vine espera sempre do outro uma obediência incontestável, condição típica dos ditadores, revelando-se cruéis, duros e sem compaixão. O tipo Vine é muito preocupado com a ordem, perfeccionismo e, acima de tudo, o controle.

Vine pode ser um grande coadjuvante nos diagnósticos médicos tradicionais, podendo ser indicado quando se tratar de um Transtorno de Personalidade do tipo Personalidade Antissocial, com característica de indiferença aos sentimentos alheios, bem como Personalidade Narcisista, com perfil arrogante e vaidoso.

Compaixão é o sentimento desabrochado na consciência de uma personalidade Vine.

37 - BEECH (Fagus sylvatica) –

É um floral para personalidades que apresentam forte sentido de superioridade. São críticos intolerantes, arrogantes e perseguidores. Irritam-se facilmente com os hábitos alheios, acham que sempre estão com a razão e, por isso, não fazem concessões, por vezes ofendendo os outros com ironias e chacotas.

Tais personalidades parecem desenvolver seu próprio código de ética, baseado na frieza, hostilidade e irritabilidade para com o outro.

Beech seria muito importante em tratamentos de diagnósticos médicos tradicionais do tipo Transtorno de Personalidade Paranoide, no que se refere a sua hostilidade e ideia de perseguição, em que a pessoa tem tendência a invalidar, por antecipação e de forma crítica e intolerante, tudo que vem do outro. É, ainda, totalmente sem empatia, lembrando também o perfil da Personalidade Antissocial.

O floral Beech ajuda a fluir a empatia, fazendo ver, aceitar e respeitar o lado bom do outro.

38 - ROCK WATER (Aqua petra) –

É um floral para aqueles com autos padrões de excelência, ideais ambiciosos, porém, rígidos consigo mesmos. Por buscarem a perfeição pessoal, gostam de serem vistos como exemplo para os outros, embora não interfiram na vida de ninguém. São pessoas conscienciosas, com tendência à introspecção e nunca se sentem satisfeitas com suas conquistas. Sempre acham que poderiam fazer melhor. Para eles, tudo nunca é o bastante. Assim, seu autodomínio beira a um automartírio.

O floral Rock Water se encaixa muito bem nos diagnósticos médicos de Transtorno de Personalidade Obsessivo Compulsivo ou Anancástica, em que existe preocupação excessiva com a ordem, perfeição e autocontrole, e em que a pessoa não se dá a diversões, considerando estas, muitas vezes, como uma perda de tempo. Também é bem indicado para o Transtorno de Personalidade Esquiva, com comportamento evitativo, com presença de inibição social, sentimento de inadequação, hipersensibilidade e nervosismo.

O floral Roch Water abre a mente para novas percepções intuitivas, abrindo-se ao Eu Superior, na perspectiva de aceitar que nada é perfeito e, assim, deixar que as experiências lhes deem maior naturalidade e felicidade diante da vida e, ainda, perceber que para tudo existe um tempo.

RESCUE REMEDY
Um capítulo à parte

A sensibilidade e a compaixão presentes na pessoa e na obra do Dr. Bach, levou-o a querer deixar um composto floral manipulado por ele mesmo, para atender às situações de emergências, contendo cinco florais: Impatiens + Star of Bethlehem + Cherry Plum + Roch Rose + Clematis.

Rescue Remedy serve como primeiros socorros tanto nas situações emergenciais quanto nas situações preventivas. Ele, como os demais florais, não substituem a urgência médica, porém previne, alivia e ajuda na superação das consequências físicas trazidas pelos traumas energéticos de curta duração, tais como: acidentes, doenças súbitas, notícias ruins, provas, extração de dente, queimaduras, cirurgias, entrevistas etc.

É interessante que Rescue Remedy esteja sempre à mão na caixa dos primeiros socorros, tanto na forma líquida quanto na forma creme. O creme Rescue é composto pelos mesmos florais da forma líquida, com o acréscimo do floral Crab Apple. Serve para uso tópico do tipo: picadas de insetos, queimaduras, inchaços, pancadas etc.

O mundo de violência, imprudência e desumanidades que presenciamos nos dias atuais nos dá uma perfeita noção da necessidade do acesso e uso de Rescue Remedy diante da imprevisibilidade de nossa vida cotidiana.

Porém este composto deve ser entendido a servir somente às situações emergenciais de primeiros socorros, não devendo tornar-se uma forma rotineira de medicação a ponto de substituir os tratamentos necessários às consequências remanescentes das situações emergenciais que, porventura, tenham provocado distúrbios emocionais e mentais mais comprometedores, a ordem natural, física e energética da pessoa.

BIBLIOGRAFIA

BACH, Edward. **Os 38 florais do Dr. Edward Bach**. London: Wigmore Publications,1995.

BACH, Edward. **Os remédios florais do Dr. Bach**. Tradução: Alípio Correia de Franca Neto, 19.ed. São Paulo: Pensamento, 2006.

BEAR, Jessica; BELLUCCO, Wagner. **Florais de Bach e homeopatia: uso sinergético de dois sistemas vibracionais de cura**. São Paulo: Pensamento, 2006.

BEAR, Jessica; BELLUCCO, Wagner. **Florais de Bach – O livro das fórmulas**. São Paulo: Pensamento, 2005.

BELLUCCO, Wagner. **Gestual dos florais de Bach**. São Paulo: Pensamento, 2008.

CONEGA, Elizabeth. **Florais de Bach – Os remédios da Alma**. São Paulo: Alfabeto, 2006.

HOWARD, Judy. **Os remédios florais do Dr. Bach– Passo a Passo**. São Paulo: Pensamento, 1990.

SANTOS, Maria Cristina Nogeira Godinho dos. **Tratado de medicina floral**. São Paulo: Madras EditoraF, 2010.

SCHEFFER, Mechthild. **Terapia floral do Dr. Bach – Teoria e prática**. São Paulo: Pensamento, 1991.

VENÂNCIO, Diná. **A terapia floral – Escritos selecionados de Edward Bach**. São Paulo: Ground, 1991.

VENNELS, David. **A terapia floral e seus benefícios**. Rio de Janeiro: Nova Era, 2005.

VIEIRA FILHO, Henrique. **Psicoterapia holística**. São Paulo: Sindicato dos Terapeutas (Sinte), 2007.

VIEIRA FILHO, Henrique. **O corpo como o portal para o autoconhecimento**. São Paulo: Sindicato dos Terapeutas (Sinte), 2009.

VIEIRA FILHO, Henrique. **Florais de Bach – Uma visão mitológica, etimológica e arquetípica**. São Paulo: Pensamento, 1994.

WLAMIS, Gregory. **Rescue florais Bach – Para alívio imediato**. São Paulo: Roca, 1992.

Alguns sites da Internet contendo textos, palestras e vídeos:

www.psiconlinews.com>psicopatologias. Acesso em: 07 jun.2018

www.eusemfronteiras.com.br/doencas-mentais-mais-conhecidas. Acesso em: 28 ago. 2018.

www.tuasaude.com/transtornos-mentais/. Acesso em: 01 maio 2018.

www.uai.com.br>capa>saude. Acesso em: 03 set. 2018.